Deviens un lecteur étoile avec Caillou!

Inspirée de la série d'animation Caillou, cette nouvelle série de livres répartis en trois niveaux de difficulté est conçue pour les lecteurs qui amorcent l'apprentissage de la lecture. Chaque livre met en valeur un vocabulaire usuel et une grammaire simple. Des mots vedettes, en gras dans le texte, sont présentés dans un dictionnaire illustré afin de développer le vocabulaire de l'enfant.

Niveau 1
Étoile naissante

Pour prélecteur avec accompagnement
- 125 à 175 mots
- Phrases simples et courtes
- Vocabulaire de base et répétitif
- Dictionnaire en images : 6 mots

Niveau 2
Étoile montante

Pour apprenti lecteur avec accompagnement
- 175 à 250 mots
- Phrases plus longues
- Vocabulaire usuel
- Dictionnaire en images : 8 mots

Niveau 3
Étoile filante

Pour lecteur en quête d'autonomie
- 250 à 350 mots
- Phrases plus complexes
- Vocabulaire riche et varié
- Dictionnaire en images : 10 mots

Texte : adaptation par Rebecca Klevberg Moeller
Tous droits réservés.
Texte original : Sarah Margaret Johanson, d'après le dessin animé CAILLOU
Illustrations : Eric Sévigny, d'après le dessin animé CAILLOU

Les Éditions Chouette remercient le Gouvernement du Canada et la Société de développement des entreprises culturelles du Québec (SODEC) de leur soutien financier.

Crédit d'impôt
livres

Gestion
SODEC

Bibliothèque et Archives nationales du Québec and Library and Archives Canada cataloguing in publication

Moeller, Rebecca Klevberg
[Caillou : where is my cat?. Français]
Caillou : où est mon chat?
(Je lis avec Caillou)
Traduction de : Caillou : where is my cat?.
Adaptation de : Caillou cherche son chat.
Pour enfants de 3 ans et plus.

ISBN 978-2-89718-347-9

1. Caillou (Personnage fictif) - Ouvrages pour la jeunesse. 2. Cache-cache - Ouvrages pour la jeunesse. I. Sévigny, Éric. II. Johanson, Sarah Margaret, 1968- . Caillou cherche son chat. III. Titre. IV. Titre : Caillou : where is my cat?. Français. V. Titre : Où est mon chat?.

GV1207.M6314 2016   j796.1'4   C2016-940292-4

Imprimé en Chine
10 9 8 7 6 5 4 3 2 1   CHO1972 MAY2016

Lis avec

Étoile naissante

Niveau **1**

Où est mon chat ?

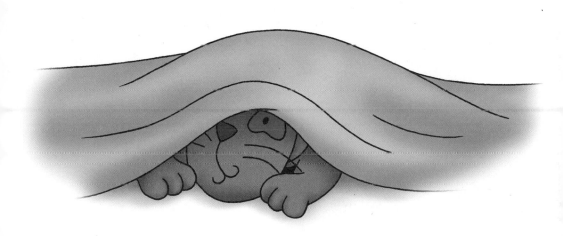

Texte : Rebecca Klevberg Moeller, spécialiste de l'enseignement des langues
Illustrations : Eric Sévigny, d'après le dessin animé

Caillou joue avec Gilbert.

Gilbert est le **chat** de Caillou.

Caillou tire un **jouet**.

Gilbert saute sur le **jouet**.

Caillou et Gilbert s'amusent.
Ils sont au **salon**.

Papa appelle :
« C'est la
collation ! »

Caillou dit : « Gilbert, reste ici ! »

Son **chat** répond :
« Miaou ! Miaou ! »

Caillou est dans la **cuisine**.

Il mange sa collation.

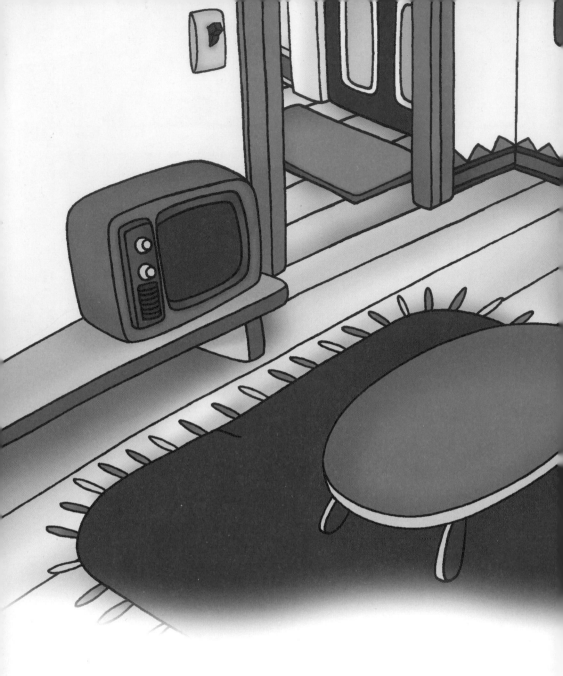

Après la collation, Caillou
cherche Gilbert.

Gilbert n'est pas au **salon** !

Caillou voit papa.
« Où est mon **chat** ? »

« Il n'est pas à la **cuisine** »,
répond papa.

Caillou voit maman.
« Où est mon **chat** ? »

« Il n'est pas au **sous-sol** »,
répond maman.

Gilbert n'est pas à la **cuisine**.
Il n'est pas au **sous-sol**.

Où est Gilbert?

« Cherchons-le », dit maman.

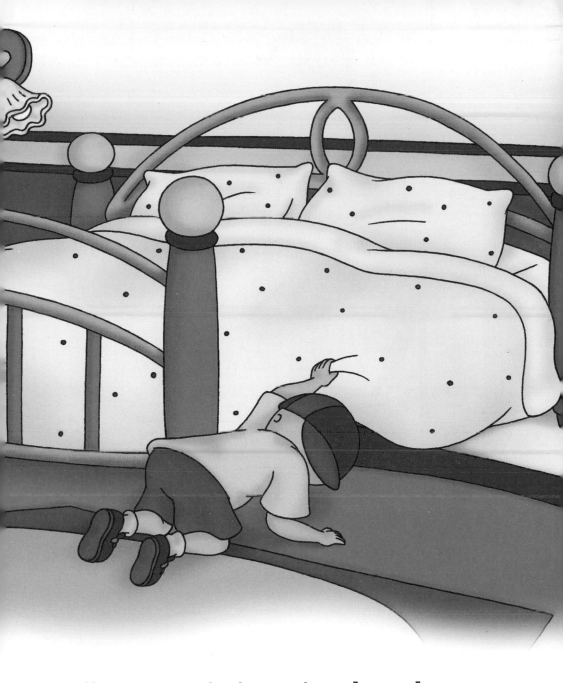

Gilbert est-il dans la **chambre**
de maman ?

Pas de **chat** ici !

Gilbert est-il dans la **chambre** de Caillou?

Pas de **chat** ici !

Puis, Caillou voit son **jouet**.

« Gilbert ? », dit Caillou.

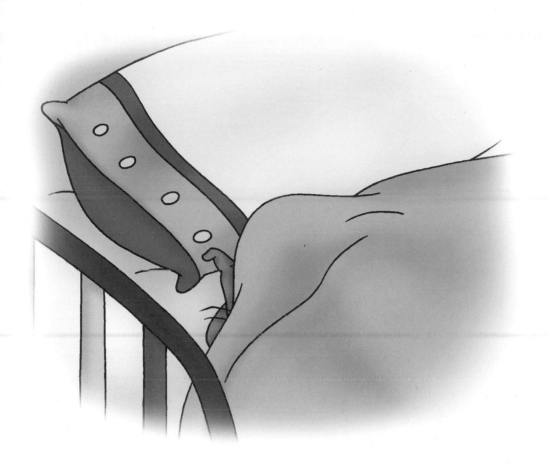

« Miaou ! Miaou ! », répond
le **chat**.

Caillou regarde. Son **chat** est dans le lit !

Tu es drôle, Gilbert !

Dictionnaire en images

chat

salon

jouet

cuisine

sous-sol

chambre